Thèse

pour la Licence.

L'acte public sur les matières ci-après sera soutenu,

le jeudi 1er juin 1854, à dix heures,

Par J.-E. VEBER, né à Gisors (Eure).

Président : M. BUGNET, Professeur.

Suffragants :	MM. DE PORTETS,	Professeurs.
	ROYER-COLLARD,	
	DELZERS,	Suppléants.
	DURANTON,	

Le Candidat répondra en outre aux questions qui lui seront faites
sur les autres matières de l'enseignement.

PARIS.

VINCHON, FILS ET SUCCESSEUR DE Mme Ve BALLARD,
Imprimeur de la Faculté de Droit,
RUE J.-J. ROUSSEAU, No 8.

1854.

JUS ROMANUM.

PRO SOCIO.
(Dig., lib. xvii, tit. 2.)

Societas est contractus, quo bona aut operas ambo pluresve conferunt, animo lucri in commune faciendi.

Contractus, juris gentium, bonæ fidei, solo consensu de rebus conferendis constans; verbis ergo et per nuntium, tacita etiam voluntate perficitur. Si scripturæ fuerint, instrumentum, nulla vero solemnitas.

Societas in perpetuum, id est dum vivunt, aut ad tempus, ex tempore, vel sub conditione coiri recte potest.

Quatuor conditiones, ad illius contractus substantiam requiruntur :

1° Ut bona fide contractus sit, id est, non dolo malo ; exceptio doli mali ad fraudatum pertinet atque imo, ipso jure, inest pro socio actioni, ut in cæteris bonæ fidei judiciis.

2° Ut singuli, aliquid conferant in commune ; pecunia ab altero tradita, gratiam, industriam, vel tantum operas recte potes afferre. At si ita convenerit, ut qui nihil omnino conferret, lucri partem acciperet, societas nullius est momenti.

3° Ut singuli, contrahant animo lucri faciendi; nulla enim est ea, quæ leonina dicitur, societas, in qua, totum lucrum uni socio attribuitur. Ut vero, ad alterum duas lucri partes pertinere, ad alterum tertiam, conventum sit, contra naturam societatis talis pactio non est. Dici etiam potest, ut quis lucri partem ferat, de damno non teneatur.

4° Denique, lucrum licitum debet esse atque honestum : hinc, in societatem conferre, quæ ex furto, vel ex alio maleficio, forte quæsituri simus, convenire non possumus.

Quinque sunt societatum species :

1° Societas universorum bonorum; in eam omnia jura veniunt, corporalia et incorporalia, quæ sunt coeuntium. Quæ socii, post contractam societatem, honeste acquirunt, tunc et hæreditatem, et legatum, et donationem, quoque complectitur. Quod etiam percepit ex lege Aquilia, socius conferre debet. Hæc omnia continuo communicantur, nisi res mancipi, quia licet specialis traditio non interveniat, tacita tamen fingitur intervenire. Ea vero quæ in nominibus erunt, manent in suo statu, sed invicem actiones præstare debent.

Lucrum ex illicita causa quæsitum, in societatem conferre non oportet; si tamen socius contulerit, communicatum repetere non potest, nisi damnatus : quo quidem casu, is qui inhonestam rem sciens recepit, non solum reddet, sed et pœnæ partem agnoscere tenetur; lucrum enim participans, et damnum participat.

Nunc videndum quæ onera complectatur : omne æs alienum cujusque socii et quidquid quotidiana necessitate sui, familiæve unuscumque erogabit, sustinebit. Quod etiam verum est de eo quod in studia liberorum erogatur, idem dicendum de dotibus filiarum, si conventum fuit, ut de communi dos constitueretur, nam iniquum non est, si commune hoc pactum.

Non ex communi præstabitur, quod socius ob maleficium, vel ob injuriam damnatus præstare debet.

2° Societas universorum quæ e quæstu veniunt : quoties simpliciter societas contrahitur, talis intelligitur; tunc omne lucrum quod ex emptione, venditione, id est, ex opera cujusque descendit, ad rem communem pertinebit; item de stipendiis ac salariis; contra vero legata, hæreditates non complectitur.

Æs alienum quod ex quæstu pendebit, in rationem societatis veniet; sed socius per socium hæredem non obligatur.

3° Societas negotiationis alicujus : huic acquiritur omnis quæstus qui ex illa negotiatione proficiscitur. Si ad mercedem emendam, pecuniam contulissemus, et mea pecunia periisset, mihi peribit, si ante collatum, sed contra utrique, si postea periit; etenim in ea societate res non statim communes fiunt, sed tunc quum reipsa collatæ fuerunt.

4° Societas vectigalis : a præcedente differt, in eo tantum quod non morte socii solvitur, et hæres socii, si ita convenerit, in societatem succedere potest.

5° Societas rei unius : ea est rerum certarum, vel unius rei : in ea specie societatis, illud demum lucrum conferes, quod propter illam rem contingit.

Portionem prædii pro indiviso communis, etiam extraneo socius distrahere potest, nil vero plus parte sua. Inde, si vendiderit ipsam partem meam, restitui postulabo; propter eamdem causam dicitur, si quis in communem locum mortuum intulerit, non religiosum fieri et agi posse pro socio.

Qui admittitur socius ei tantum socius est qui admisit, etenim me invitum alicujus socium esse non oportet; quidquid de societate nostra consecutus fuerit, cum illo qui eum assumpsit, communicabit.

Ex eo contractu actio pro socio nascitur; ad singulos adver-

sus cæteros socios pertinet. In hæredem quoque socii competit,
licet socius non sit.

Res sæpe intra quosdam fit communis, utputa hæreditas,
legatum, tunc commoda damnaque partiuntur ; communio sed
non societas est ; nam ad ejus substantiam mutuus consensus
ante omnia requiritur : hinc pro socio non agetur. Etiam si ad
emendam eamdem rem conventum est, non semper sunt socii,
nam qui nolunt inter se contendere, solent per nuntium emere
in commune.

Pro socio agam, ut socius meus res promissas in commune
conferat, et quid lucri ex societate fecerit. Item agam, si aliquid a societate mihi debetur, quia in ejus causam impendi,
aut me obligavi. Si quis ex sociis solvendo non sit, a cæteris
qui solvendo sunt hujus partem repetam.

Actione pro socio tenebor, si damnum societati dedero ; do-
lum enim et culpam præstare debeo. Culpa autem ad exactissi-
mam diligentiam non dirigenda est : sufficit talem diligentiam
in societatis rebus, qualem meis adhibere soleo.

Societas jus fraternitatis quodam modo constituit, idcirco
recte dicitur ; socium in id quod facere potest condemnari
oportere. Hoc beneficium personale atque ad hæredem socii
non pertinebit. Is qui negat socium esse, aut qui dolo malo fecit
quominus possit, illud non obtinebit. Plerumque actio pro socio
cum actione communi dividundo concurrit ; altera non debet
alteram consumere ; sed quæ actione pro socio consecutus est,
actione communi dividundo non consequitur. Concurrit inter-
dum, cum actione furti et condictione furtiva.

Societas solvitur, ut ait Ulpianus, ex personis, ex rebus, ex
voluntate, ex actione. Ex personis solvitur ; interitu persona-
rum quæ societatem contraxerunt ; hæ pereunt maxima et
media capitis diminutione, aut morte. Minima autem capitis
diminutione non solvitur. Quocirca si filiusfamilias societatem

coierit, deinde a patre emancipatus, eadem societas durat, alia
non est. Attamen aliud est, si servus societatem coierit, atque
postea alienatus, vel manumissus; prior societas finitur, alte-
raque nascitur. Adeo morte unius socii solvitur, ut pacisci non
possimus, ut hæres societati succedat, nisi vectigali; pactum
vero porrigendi ultra mortem unius socii, valet.

Ex rebus distrahitur, quum res quarum societas contracta
est, intereunt, quod conditio mutatur, aut nullæ relinquuntur.

Ex voluntate; id est, renuntiatione unius ex sociis. Bona fide
et tempestive fieri renuntiationem oportet. Quod si convenerit,
ne intra certum tempus societate abeatur, renuntiationis justa
causa debet esse.

Ex actione; quum aut stipulatione, aut judicio mutata sit
causa societatis.

POSITIONES.

I. Societatem, tacito etiam consensu, perfici constat.

II. Quum partes non exprimuntur, res communis virorum,
aut collationum causa, dividitur? — Virorum.

III. Socius levem in concreto præstat culpam; nec obstat
lex 52, § 2.

IV. Leges 63 pro socio et 16 de re judicata inter se pugnant.

V. Lex 83 inopportune ponitur.

DROIT FRANÇAIS.

───◆───

DU CONTRAT DE MARIAGE.
(Code Nap., art. 1387-1398. — Code de com., art. 67 et 68.)

On entend par contrat de mariage l'ensemble des conventions qui règlent les intérêts purement pécuniaires de chacun des époux dans leur association. On entend aussi par contrat de mariage celui qui se forme devant l'officier de l'état-civil. Le premier contrat est pécuniaire, c'est-à-dire détermine les rapports des époux quant aux biens; le deuxième est moral et fixe les rapports quant aux personnes.

A la différence du contrat moral de mariage, dont les règles ne peuvent être tracées que par la loi, sans que les époux puissent les modifier en rien par des conventions, le contrat pécuniaire de mariage est au contraire fixé par les parties, et c'est seulement en cas de silence de la part des époux qu'il est réglé par le Code.

En raison de la faveur qui est due au mariage, le législateur a établi que les parties pourraient former à cet égard toute espèce de conventions; il ne leur interdit que les clauses qui

sont contraires à l'ordre public ou aux bonnes mœurs. Sauf
cette restriction, que d'ailleurs commandaient la morale et
l'intérêt public, elles jouissent d'une liberté plus grande que
dans les autres contrats. Ainsi, dans une société ordinaire,
les biens futurs ne peuvent y être compris que pour la jouis-
sance seulement; au contraire, les époux peuvent valablement
convenir que tous leurs biens, meubles et immeubles, présents
et à venir, tomberont en propriété dans la société.

Parmi les clauses prohibées dans le contrat de mariage
comme contraires à l'ordre public, on peut citer avec la loi :
1° celles qui dérogeraient aux droits de la puissance maritale,
comme par exemple le droit pour la femme d'ester en justice
ou d'aliéner ses immeubles sans autorisation, d'administrer
seule la communauté, ou de vivre séparée de son mari en cas
d'incompatibilité d'humeur; 2° celles qui dérogeraient aux
droits de la puissance paternelle : ainsi serait nulle la convention qui priverait l'un des époux du droit d'usufruit légal sur
les biens de ses enfants; on conviendrait aussi inutilement que
le survivant des époux ne sera pas tuteur de ses enfants mi-
neurs; 3° celles qui tendraient à changer l'ordre légal des successions; de pareilles clauses seraient d'ailleurs contraires au
principe d'après lequel sont nulles toutes stipulations sur une
succession non ouverte.

Il est souvent fort difficile de savoir si une clause est contraire à l'ordre public ou aux bonnes mœurs; le juge sera
appréciateur. Il existe un principe qu'on ne doit jamais ou-
blier : c'est que les époux peuvent bien régler comme ils l'en-
tendent leurs intérêts pécuniaires, mais nullement les effets du
contrat qui est célébré devant l'officier de l'état-civil; les droits
du mari sur la personne de la femme, et ceux qui appartiennent
à chacun des époux ou au survivant sur la personne de leurs
enfants, sont la conséquence forcée de ce contrat; dès lors, la

loi aurait pu se dispenser de dire que toute clause dérogeant à
ces droits serait frappée de nullité.

En dehors des diverses restrictions précitées, les futurs époux
ont pleine latitude pour leurs conventions matrimoniales; ils
peuvent adopter tel ou tel régime ou composer un régime
mixte, en combinant, par exemple, le régime dotal avec celui
de la communauté; ils peuvent aussi insérer dans leur contrat
de mariage des clauses puisées par eux dans le droit coutu-
mier. Toutefois, ils ne pourraient convenir d'une manière gé-
nérale que leurs droits respectifs seront régis par telle coutume ;
il ne faut pas, en effet, qu'on soit forcé, pour connaître les
droits des époux, de recourir à des textes formellement abrogés
par le Code, autrement l'ordre public pourrait en souffrir. Il en
serait de même s'ils avaient renvoyé purement et simplement
à tel article d'une coutume.

Les époux peuvent en outre se marier sans faire aucun contrat; c'est dans ce cas seulement que la loi régit leur association. Le régime auquel ils sont alors soumis est celui de la
communauté légale, régime indigène et vraiment national. La
communauté légale est ainsi appelée, non pas parce que c'est
la loi qui l'impose, car par des conventions expresses on peut
la modifier ou même l'exclure entièrement, mais seulement
parce que les règles en sont tracées par la loi. Si les parties
avaient fait un contrat nul, soit parce qu'il n'a pas été rédigé
dans les formes voulues, soit parce qu'elles se sont bornées à
dire qu'elles se soumettent aux règles de telle ancienne coutume, le régime sous lequel elles se trouveraient placées serait
encore celui de la communauté légale.

Le mot *dot* est employé pour signifier les biens que la femme
apporte au mari, sous quelque régime que ce soit, pour l'aider
à supporter les charges du ménage; d'après cela, il est mani-
festé que l'on ne peut voir l'adoption du régime dotal dans la

stipulation faite par la femme qu'elle se constitue en dot tels biens déterminés. Pour pouvoir substituer à la communauté légale un autre régime, il faut une convention formelle, et il en est ainsi surtout pour le régime dotal dont les effets sont exorbitants du droit commun, puisqu'ils frappent d'inaliénabilité les immeubles de la femme, et les mettent ainsi hors du commerce.

Si les époux jouissent d'une grande liberté pour former leurs conventions matrimoniales, ils n'ont pas la même latitude pour rédiger l'acte qui les constate. Des formes rigoureuses, des conditions sévères sont imposées soit au contrat, soit aux changements qu'on voudrait y apporter après une première rédaction.

Les conventions matrimoniales une fois arrêtées, la sûreté réciproque des époux, de leurs parents et des tiers demande leur inviolabilité; c'est donc afin d'assurer leur immutabilité que le Code exige, à peine de nullité, qu'elles soient rédigées d'une manière irrévocable, avant la célébration de l'union, par acte notarié et avec minute.

De plus, une loi du 10 juillet 1850 a prescrit certaines mesures en vue de protéger les tiers qui contracteraient avec une femme dotale déclarant faussement être mariée sans contrat, et afin de faire jouir en même temps, des époux mariés réellement sans contrat de leur qualité de communs en biens.

Toute modification faite au contrat après la célébration du mariage, est frappée de nullité; mais il n'en est pas de même des changements qui sont faits après une première rédaction, avant l'union célébrée. Néanmoins la loi exige pour la validité des changements, certaines conditions plus ou moins sévères, suivant qu'il s'agit de les exécuter vis à vis des tiers, ou entre les époux. A l'égard des époux, ils sont valables, s'ils ont été rédigés par acte passé devant notaire, et si tous ceux qui ont été parties au contrat ont concouru aux changements par leur présence et par leur consentement donné simultanément. Sont réputés avoir été parties au contrat, et doivent comme tels concourir à la modification, non seulement les époux, mais encore ceux qui leur ont fait des libéralités par contrat de mariage et ceux dont le consentement était requis pour le mariage. A l'égard des tiers, le changement ne sera valable que si les parties ont eu en outre le soin de les faire rédiger à la suite de la minute du contrat. Cette condition accomplie, elles ont fait tout ce qu'on pouvait attendre d'elles; et si le notaire, contrairement à l'obligation que lui impose la loi, délivrait des expéditions du contrat sans l'acte modificatif, les tiers qui viendraient à être lésés par suite de cette négligence, ne pourraient demander la nullité du changement; ils auraient seulement recours contre le notaire, qui seul est en faute.

Enfin, le Code de commerce veut que les créanciers n'aient pas même besoin de recourir au contrat de mariage de leur débiteur, pour savoir sous quel régime il est marié; c'est dans ce but qu'il impose au notaire qui a fait le contrat l'obligation, si à l'époque du mariage l'un des époux est déjà commerçant, de publier par affiches le régime sous lequel les époux sont mariés. Il n'est pas besoin de publier en entier les conventions matrimoniales, il suffit d'un extrait indiquant seulement le régime qui a été adopté; cet extrait serait affiché pendant un an, sur un tableau à ce destiné, dans l'auditoire du tribunal de commerce et du tribunal civil, ainsi qu'aux chambres des notaires et des avoués. Si ce n'est que postérieurement au mariage que l'un des époux est devenu commerçant, ce n'est plus alors le notaire qui doit faire la publication, mais l'époux devenu commerçant. Si celui-ci, marié sous le régime dotal ou sous celui de séparation de biens, négligeait d'accomplir cette formalité dans le mois à compter du jour où il a ouvert son

commerce, il pourrait en cas de faillite être déclaré banque-
routier frauduleux.

Quant à la capacité des parties contractantes, on applique
en général au contrat de mariage les règles ordinaires. Ainsi,
bien que le majeur de 21 à 25 ans qui a encore des ascendants
soit mineur quant au mariage, il n'en reste pas moins majeur
quant aux conventions matrimoniales, et peut dès lors les régler, sans être forcé de recourir à l'assistance de ceux dont il
doit demander le consentement pour la validité de son union.
Mais cependant, relativement au mineur, la loi par faveur pour
le mariage déroge aux principes ordinaires et lui applique la
maxime *habilis ad nuptias*, *habilis ad pacta nuptialia;* elle
déclare pleinement valables les obligations qu'il contracte et les
donations qu'il fait avec l'assistance de ceux dont le consentement est requis pour son mariage, absolument comme si elles
émanaient d'un majeur capable. Quand c'est le conseil de
famille qui doit assister le mineur pour ses conventions matrimoniales, il n'est pas nécessaire que l'acte soit rédigé en présence de tous les membres, il suffit que le conseil après avoir
approuvé les articles avant leur rédaction, se fasse représenter
par un de ses membres ou par le tuteur pour signer le contrat.

DE LA COMMUNAUTÉ CONVENTIONNELLE.
(Code civil, art. 1497-1528.)

Les époux peuvent dans leur contrat de mariage faire toutes
conventions qu'ils veulent, de là il est naturel de dire qu'ils
pourront modifier par leur volonté la communauté légale;
mais alors la communauté sera dite conventionelle, car elle ne
peut être dite légale qu'autant que les règles en sont détermi-
nées en entier par la loi.

Le législateur a pris soin d'expliquer les huit principales

clauses consacrées par l'usage, mais il ne faut pas en conclure qu'il a voulu limiter à ces clauses les stipulations dont la communauté est susceptible.

§ 1er. — *De la communauté réduite aux acquêts.*

D'après les règles ordinaires, c'est-à-dire d'après les principes qui régissent les époux, lorsqu'ils n'ont pas fait de conventions particulières sur la composition de l'actif social, la communauté se compose des meubles présents et futurs, des biens acquis à titre onéreux pendant le mariage et des fruits des propres; mais on peut restreindre l'actif de la communauté en convenant qu'il ne comprendra uniquement que les acquêts. Le mot acquêts a aujourd'hui le sens qu'avait autrefois le mot conquêts et signifie comme lui tous les biens acquis à titre onéreux pendant le mariage.

Lorsque la communauté a été réduite aux acquêts, l'actif se compose seulement de tous les biens provenant de l'industrie ou des travaux communs et des fruits et revenus des biens qui leur sont propres; une pareille clause contient donc implicitement celle de réalisation des meubles présents et à échoir pendant le mariage par succession ou donation. Ce ne sont même pas tous les acquêts, qui tomberont dans la communauté, ce sont seulement ceux qui sont faits avec les deniers provenant des travaux des conjoints et des économies sur les fruits de leurs propres respectifs. La communauté légale, au contraire, comprendrait tous les acquêts indistinctement, même les biens acquis avec les deniers propres aux époux ou provenant de l'aliénation d'un propre.

Comme la communauté ne profite pas des meubles présents et des donations ou successions mobilières, il est juste qu'elle ne supporte pas le passif qui grève le mobilier présent et futur, et alors les dettes qui devront être à la charge de la communauté, seront uniquement celles contractées par le mari ou la femme autorisée. Ainsi, outre que la communauté réduite aux acquêts comprend implicitement la clause de réalisation, elle contient aussi celle de séparation des dettes ; c'est même la réunion de ces deux clauses qui forme la communauté réduite aux aquêts.

Cette communauté étant usufruitière de tous les propres des époux, en a nécessairement la possession, et on doit alors, en vertu des principes généraux, décider que la présomption de propriété est en sa faveur, que tous les biens sont réputés conquêts ; en conséquence, c'est à l'époux qui veut reprendre ses biens lors de la dissolution, à faire tomber cette présomption en établissant la preuve qu'il en est propriétaire. A l'égard des immeubles il établira suffisamment ses droits en prouvant qu'il en a eu la possession légale avant la célébration, ou qu'ils lui sont échus postérieurement par succession ou par donation ; quant aux meubles, il devra représenter un inventaire ou autre acte en bonne forme, constatant leurs nature et valeur. A défaut de cette reproduction, on ne pourrait effectuer la reprise de ses biens qui, alors, seraient partagés comme biens communs; toutefois il faut dire, d'après les art. 1415 et 1504, que cette règle ne saurait s'appliquer dans toute sa rigueur à la femme pour son mobilier futur; elle pourra en établir la consistance et valeur par titres, papiers domestiques, témoins et même par commune renommée.

§ 2. — *De la clause qui exclut de la communauté le mobilier en tout ou en partie.*

On peut encore restreindre l'actif de la communauté, en stipulant que la totalité ou une quote part du mobilier, soit présent, soit futur, soit présent et futur, ou que tels meubles spécialement désignés, seront exclus de la communauté. Cette clause déroge au droit commun, on doit dès lors l'interpréter restrictivement; si donc un époux a exclu tout son mobilier, on devra présumer qu'il n'a voulu parler que du mobilier existant lors de la célébration et non de celui qui peut lui advenir par succession ou donation. S'il avait exclu le mobilier à échoir par donation, la clause ne s'appliquerait pas à celui qui viendra par succession.

Le mobilier exclu de la communauté est par là même réalisé et immobilisé, c'est-à-dire rendu propre et assimilé à des immeubles quant à la composition de l'actif.

Quand on exclut directement son mobilier ou telle partie de son mobilier, la réalisation est expresse; elle est au contraire tacite, si l'on convient de faire entrer en communauté tels meubles désignés de son mobilier présent. Si je prends ainsi le soin de dire que tels meubles y entreront, c'est qu'évidemment je ne veux pas que les autres meubles existant lors de la célébration y soient compris : *qui dicit de uno, negat de altero.* Elle est encore tacite, si je conviens que telle partie de mon mobilier sera employée en achat d'immeubles qui me seront propres (clause d'emploi); cette partie du mobilier, par l'usage auquel elle est destinée, est assimilée à des immeubles et m'est propre, même avant l'emploi.

Si l'époux a réalisé l'universalité de son mobilier présent, la communauté ne profitant pas de l'actif, ne supportera pas le passif; les dettes mobilières existant lors du mariage seront donc à la charge de l'époux. S'il a réalisé ses meubles futurs, elle ne supportera pas non plus les dettes qui grèvent les donations et successions mobilières. Quand il ne s'est réservé qu'un ou plusieurs meubles déterminés, la communauté recevant l'universalité du mobilier présent devra être soumise à toutes les dettes mobilières actuelles.

Si chacun des époux avait réalisé tous ses biens meubles présents et futurs, cela équivaudrait à une clause de communauté réduite aux acquêts; sauf cette différence que dans cette dernière clause les biens acquis pendant le mariage avec les deniers propres à un époux ne tomberaient pas dans la communauté, puisque dans cette hypothèse elle n'a droit qu'aux acquêts provenant des gains faits à l'aide des revenus des propres et de l'industrie commune. Au contraire, dans le cas de réalisation universelle et réciproque, les biens acquis même avec les deniers de l'un des époux tomberont en communauté; car les époux n'ont entendu exclure que leur mobilier présent et futur, mais n'ont pas voulu quant au reste déroger au droit commun.

Clause d'apport. — On appelle ainsi la clause par laquelle l'un des époux s'engage à mettre en communauté son mobilier jusqu'à concurrence d'une certaine somme. C'est là encore une espèce de réalisation, mais imparfaite et improprement dite ; en effet, l'époux ne stipule pas ainsi que l'excédant du mobilier sur la somme promise lui sera propre, il ne réalise rien immédiatement, il stipule seulement le droit d'exiger de la communauté, dans le cas où ses meubles présents et futurs réunis viendraient à dépasser la somme indiquée par le contrat, la valeur de l'excédant. Mais enfin il est vrai de dire que la clause d'apport est une espèce de réalisation, puisque par elle on se réserve des droits qu'on ne devrait pas avoir d'après les principes de la communauté légale.

Par suite de son apport, l'époux s'est réellement constitué débiteur de la somme désignée; il devra donc lors de la dissolution justifier que les meubles mis par lui dans l'actif social sont en quantité suffisante pour acquitter intégralement la dette.

Lorsqu'il parvient à prouver que le mobilier provenu de son chef et donné par lui à la communauté en libération de ce qu'il

s'était engagé à lui payer, excède le montant de la dette con-
tractée; alors certainement il ne peut pas revendiquer en nature
l'excédant, car la communauté en est devenue propriétaire par
suite de la dation en paiement; mais il est à son tour créancier
de la communauté pour la valeur de cet excédant.

Puisqu'il est débiteur, il en résulte qu'il est garant de l'éviction : cela est conforme au principe d'après lequel pour payer
valablement, il faut être propriétaire de ce qui est donné en
paiement. Si donc la communauté vient à être évincée de quel-
ques effets mobiliers, on ne devra pas en imputer la valeur sur
la dette du conjoint. Les créanciers de celui-ci pourront du reste
se faire payer sur l'universalité des biens tombant du chef de
leur débiteur dans l'actif social ; mais alors l'époux n'aura en
réalité apporté du mobilier que déduction faite du montant des
dettes acquittées par la communauté.

C'est par un inventaire ou autre acte en bonne forme que l'on
doit justifier de son apport. Cependant pour le mobilier que la
femme apporte lors du mariage, il suffit d'une quittance donnée
par le mari ; et pour celui du mari, une simple déclaration
faite dans le contrat de mariage produit le même effet.

§ 3. — *De la clause d'ameublissement.*

A la différence des deux clauses précédentes qui sont restric-
tives, la clause d'ameublissement est au contraire extensive de
la communauté légale. L'ameublissement consiste à faire con-
sidérer des immeubles comme meubles et à les faire entrer
comme tels dans la communauté. Ce n'est jamais que quant à
la composition de l'actif qu'ils sont assimilés aux meubles ; une
fois qu'ils sont entrés dans la communauté, ils conservent leur
caractère immobilier, et de même alors que les conquêts immeubles, ils ne peuvent être aliénés à titre gratuit par le mari
seul.

L'ameublissement est général quand on ameublit tous ses immeubles présents et futurs en totalité, ou pour une quote-part, ses immeubles présents ou ses immeubles futurs seulement. Il est particulier quand on ameublit un ou plusieurs immeubles spécialement designés. De même que toutes les clauses qui dérogent au droit commun de la communauté, on l'interprétera restrictivement; si par exemple on a ameubli tous ses immeubles, on est censé n'avoir eu en vue que les immeubles présents, et les immeubles futurs resteront propres.

Le Code s'occupe d'une autre division plus importante, celle en ameublissement déterminé et indéterminé. D'après les effets qu'il donne à chacun d'eux, on peut dire avec raison que l'ameublissement déterminé est celui qui est parfait, c'est-à-dire celui qui rend la communauté propriétaire et lui permet à ce titre d'aliéner; tandis que l'ameublissement indéterminé est celui qui est imparfait, celui qui ne confère à la communauté qu'un droit de créance d'une nature toute particulière, il est vrai, puisqu'elle peut hypothéquer les immeubles jusqu'à concurrence de la somme pour laquelle ils ont été ameublis. Il résulte aussi des effets différents que le Code lui-même attribue à chacun des ameublissements, que la définition qu'il donne de chacun des ameublissements est entièrement inexacte et que l'on doit faire rentrer le cas d'ameublissement d'un immeuble jusqu'à concurrence d'une certaine somme dans l'ameublissement indéterminé; car il y a analogie complète avec le cas où l'on ameublit tous ses immeubles jusqu'à concurrence d'une somme déterminée. Une telle décision est d'ailleurs conforme aux principes de l'ancienne jurisprudence et aux idées des anciens auteurs, notamment de Pothier.

En définitive, on peut dire que l'ameublissement est déterminé lorsqu'on ameublit pleinement, sans aucune restriction, un ou plusieurs immeubles ou l'universalité de ses immeubles;

qu'il est au contraire indéterminé, quand on ameublit un immeuble ou tous ses immeubles jusqu'à concurrence d'une certaine somme.

Si l'ameublissement déterminé ou indéterminé est à titre particulier, l'époux doit garantie en cas d'éviction d'un ou plusieurs immeubles.

§ 4. — *De la clause de séparation des dettes.*

La clause de séparation des dettes a pour effet de mettre à la charge de chacun des époux, ou de l'un d'eux seulement, les dettes mobilières existant lors de la célébration du mariage. Comme les règles de communauté légale doivent recevoir leur application, même sous le régime de communauté conventionnelle, toutes les fois que les époux n'y ont pas formellement dérogé par leurs conventions, cette clause n'empêchera pas les meubles présents de tomber dans la communauté, qui profitera ainsi de l'actif sans supporter le passif; pour la même raison elle ne s'appliquera qu'aux dettes présentes et non pas aux dettes futures qui seront alors à la charge de la communauté, à moins que les époux n'aient formellement exprimé une volonté contraire.

La clause de séparation de dettes est tacite, dans le cas où l'un des époux, au lieu de laisser tomber dans la communauté tout son mobilier présent, fait seulement un apport à titre particulier; l'époux qui exclut ainsi de la communauté l'universalité de ses meubles, doit naturellement supporter les dettes qui grèvent cette universalité et qui en sont une charge.

Si la communauté a acquitté les dettes antérieures au mariage, elle a recours contre l'époux pour le capital; quant aux intérêts qu'elle aurait également payés, comme ils sont une charge des fruits et doivent, pour cette raison, être acquittés avec les revenus des biens propres dont elle est usufruitière, elle ne pourrait exercer aucun recours.

La clause de séparation des dettes ne saurait préjudicier aux créanciers, ils pourront se faire payer sur le mobilier tombé du chef de leur débiteur dans la communauté ; et on ne pourrait leur opposer que ces biens n'étant leur gage qu'autant qu'ils restent la propriété de l'époux, ils ne peuvent plus avoir d'action sur eux. En effet, quand l'époux les met en communauté, il ne fait pas une aliénation véritable, puisqu'il ne perd que la moitié des biens apportés. Si l'on a négligé de faire un inventaire constatant le mobilier existant lors du mariage, et celui qui a pu échoir postérieurement, alors les créanciers qui n'ont pas la certitude que le mobilier qu'on leur représente est bien tout le mobilier provenant du chef de leur débiteur, pourront se faire payer sur tous les biens de la communauté.

Clause de franc et quitte. — La déclaration faite dans le contrat de mariage, que l'un des époux est franc et quitte, contient implicitement la clause de séparation de dettes, en ce sens, que si des dettes antérieures au mariage viennent à se découvrir, la communauté qui les a acquittées a recours sur les biens personnels de l'époux déclaré franc et quitte. Du reste, on ne doit pas confondre les deux clauses ; celle dont nous nous occupons est plus avantageuse à la communauté, sous ce rapport, qu'elle a recours contre l'époux, non-seulement pour le capital des sommes qu'elle a payées à l'acquit de celui-ci, mais encore pour les intérêts et arrérages qui sont échus postérieurement au mariage. D'un autre côté, elle lui est moins avantageuse que la clause de séparation de dettes, puisque les créanciers pourront agir sur tous les biens communs, lors même qu'il aurait été fait un inventaire du mobilier tombé dans l'actif social du chef de l'époux déclaré franc et quitte.

Autrefois, cette déclaration n'était jamais faite que par des tiers, et c'était seulement contre eux que le recours s'exerçait. Aujourd'hui, elle peut être faite par l'époux aussi bien que par des tiers; et, dans tous les cas, le recours ne s'exercera contre ceux-ci, qu'après avoir agi tout d'abord contre l'époux. Les tiers ne seront alors que les garants du conjoint déclaré franc et quitte.

L'action en indemnité ne peut être intentée par la femme contre son mari, où par le mari contre sa femme, qu'après la dissolution de la communauté. Cependant, le mari peut, même avant cette dissolution, agir contre ceux qui ont déclaré la femme franche et quitte.

§ 5. — De la faculté accordée à la femme de reprendre son apport franc et quitte.

Lorsque la femme renonce à la communauté, elle doit perdre tout droit sur les biens qui la composent, même sur ceux qui y sont entrés de son chef; cependant la loi permet à la femme, déjà protégée par le bénéfice de sa renonciation, de reprendre, lorsqu'elle en a fait la stipulation, tout ou partie de ses apports. Mais cette faveur exorbitante ne peut s'étendre au delà des choses formellement exprimées, ni avoir lieu au profit de personnes autres que celles expressément désignées dans la convention.

La femme en faisant un apport à la communauté, rend celle-ci propriétaire des biens qui constituent cet apport et lui confère le droit de les aliéner; elle ne pourra donc pas lors de sa renonciation exiger que les biens dont elle a stipulé la reprise lui soient restitués en nature; elle n'est que créancière de leur valeur au moment où elle les a transmis à la communauté.

Si la femme qui renonce reprend tous les meubles qu'elle avait lors du mariage, elle supportera les dettes mobilières qu'elle avait à cette époque ; si elle reprend le mobilier échu par succession ou donation, elle supportera les dettes grevant ces successions ou donations. En un mot, elle doit conserver à sa charge toutes les dettes correspondantes à l'actif qu'elle reprend et en tenir compte à la communauté, dans le cas où celle-ci les aurait acquittées.

§ 6. — *Du préciput conventionnel.*

On appelle préciput, le droit pour le survivant des époux de prélever, avant tout partage, sur les biens de la communauté, tels ou tels biens déterminés. Ce droit existait autrefois de plein droit en vertu de certaines coutumes ; aujourd'hui il ne peut résulter que d'une clause spéciale. Il peut avoir pour objet toute espèce de biens de la communauté, meubles et immeubles ; il peut être stipulé, soit au profit de l'époux qui survivra, soit au profit de tel époux seulement si c'est lui qui survit, ou bien enfin au profit de tel conjoint, lors de la dissolution par une cause quelconque et indépendamment de toute idée de survie. Le Code ne prévoit pas ce troisième cas.

Le préciput n'est, avons-nous dit, autre chose qu'un prélèvement sur la masse partageable ; il résulte de cette définition qu'il ne peut être exercé qu'autant qu'il y a lieu à partage et que sur les biens de la communauté. Lors donc que la femme renonce, comme il ne peut y avoir lieu à partage, elle perdra par suite de sa renonciation son droit au préciput. Toutefois, si elle a stipulé le prélèvement, soit qu'elle accepte, soit qu'elle renonce, la clause devra être exécutée, mais alors ce n'est plus le préciput proprement dit, un droit de prélèvement sur les biens communs ; c'est une créance contre le mari, laquelle pourra être exercée et sur les biens de la communauté et sur ceux du mari.

Le préciput n'est point en général réputé un avantage sujet à réduction, il est considéré comme une convention matrimoniale à titre onéreux ; cependant comme en fait c'est une libéralité, les enfants d'un premier lit pourraient le faire imputer sur la quotité disponible et le faire réduire en cas d'excès; à l'égard des autres héritiers réservataires le préciput n'est pas considéré comme une donation.

Le préciput ne peut être opposé aux créanciers de la communauté, ceux-ci peuvent le faire saisir et vendre comme tous les autres biens de leur débitrice; mais l'époux préciputaire aura recours sur les autres biens de la communauté, et même s'il s'agit du préciput improprement dit, sur les biens du mari.

Le droit au préciput s'ouvre, dit la loi, par la mort naturelle ou civile de l'un des époux ; mais il est évident que cette disposition s'applique seulement au cas prévu par le Code, c'est-à-dire à celui où le préciput n'a été stipulé que pour le survivant des époux ; si, au contraire, il a été stipulé par tel conjoint pour toute dissolution de communauté, il s'ouvrirait sans aucun doute par une simple séparation de biens.

Du reste, il n'est pas vrai de dire, comme le font certains auteurs, que toutes les fois que la communauté se trouve dissoute, sans qu'il y ait lieu à la délivrance actuelle du préciput, celui des époux qui a dans son lot la moitié des biens composant le préciput doive donner caution pour la valeur de ces biens sur lesquels son conjoint conserve des droits éventuels; une caution ne peut être exigée que pour le cas où la femme ayant stipulé le préciput même en renonçant, renonce en effet et voit par là passer au mari la totalité des biens sur lesquels elle conserve un droit éventuel.

§ 7. — De l'attribution de parts inégales.

Le partage de la communauté se fait ordinairement par

moitié, sans avoir égard aux apports de chacun des conjoints ; mais, en cette matière encore, il est permis aux époux de modifier entièrement le droit commun : ils peuvent, par une clause expresse, décider que l'égalité dans le partage n'aura pas lieu.

A cet égard, on peut apporter trois sortes de dérogations :

1° En assignant au survivant ou aux héritiers du prédécédé une part moindre ou plus forte que la moitié. Dans tous les cas, la part dans le passif sera la même que celle prise dans l'actif, et toute convention qui en déciderait autrement sera nulle, non pas seulement pour la disposition relative au passif, mais encore pour celle relative à l'actif, et les parties resteront alors sous la règle commune du partage par moitié.

2° En stipulant le forfait de communauté, c'est-à-dire en formant la convention que celui des deux qui survivra, ou que tel époux, s'il survit, ou après toute dissolution par quelque cause que ce soit, aura droit à tout l'actif, sauf à payer à son conjoint ou aux héritiers de celui-ci une certaine somme fixée à l'avance par le contrat.

Lorsque, par le forfait de communauté, la femme est obligée de se contenter d'une certaine somme pour tout droit, le mari ne peut, dans aucun cas, quelle que soit la situation de la communauté, se dispenser de payer la somme convenue ; en outre, comme il conserve l'universalité des biens, il supporte seul toutes les dettes, et la femme ne peut être poursuivie par les créanciers de la communauté comme commune, que si elle s'est personnellement obligée. Lorsque, au contraire, c'est le mari qui n'a droit qu'à une certaine somme, la femme, si elle accepte la communauté, est également obligée d'acquitter seule toutes les dettes et de payer au mari la somme fixée ; mais comme elle ne peut pas, par des conventions, se priver du droit de renoncer, elle peut, à la différence du mari, s'affranchir, en renonçant, de ces deux obligations.

On peut stipuler le forfait seulement à l'égard des héritiers de l'un des époux, auquel cas si cet époux survit la clause est sans effet et la communauté se partage comme d'habitude.

3° En attribuant éventuellement la communauté tout entière à l'un des époux. Il faut que cette attribution ne soit qu'éventuelle, c'est-à-dire subordonnée à la survie de l'époux bénéficiaire. Si en effet la communauté lui était attribuée purement et simplement, sans condition, et de telle sorte qu'il fût certain à l'avance qu'elle lui appartiendra, il est évident que la clause serait valable; mais alors elle équivaudrait à une convention exclusive de communauté.

La clause par laquelle on attribue la totalité de la masse partageable à l'un des époux s'il survit ou à celui des deux qui survivra, n'est pas réputée une donation, soit quant au fond, soit quant à la forme, mais une convention matrimoniale; et conséquemment les héritiers réservataires, autres que les enfants d'un premier lit, n'en pourraient demander la réduction. Quant à ceux-ci, la loi a par l'art. 1527 pourvu à leurs intérêts qui trop souvent sont sacrifiés par leurs parents quand ils passent à de secondes noces. En vertu de cet article, lorqu'une convention tend dans ses effets à donner à l'un des époux au-delà de la portion disponible fixée par l'art. 1098, ils peuvent demander la nullité pour tout l'excédant de cette portion. Dans le cas d'attribution éventuelle de la totalité de la communauté à l'un des conjoints, les enfants du premier lit de l'autre époux auraient donc le droit de critiquer la convention.

Il faut observer, du reste, que les autres héritiers réservataires auraient le même droit, car ce serait alors même à leur égard une véritable donation, si l'autre conjoint n'avait pas la faculté de reprendre ses apports et les capitaux tombés de son chef dans l'actif social.

§ 8. — *De la communauté à titre universel.*

Les futurs époux peuvent convenir de mettre en communauté l'universalité, ou une quote-part de leurs immeubles présents et futurs. C'est la seule espèce de société où la loi autorise les parties à faire entrer, pour la pleine propriété, dans l'actif social, tous les biens futurs. Cette clause déroge essentiellement au droit commun et doit par conséquent s'interpréter restrictivement. Il faut remarquer en outre que lorsque chacun des époux convient d'ameublir l'universalité ou une quote-part de ses immeubles, cette convention d'ameublissement équivaut à une communauté à titre universel.

QUESTIONS.

I. La condition, imposée par contrat de mariage, de ne pas se remarier, est-elle nulle? — Elle est tantôt valable, tantôt nulle.

II. Pour que les époux soient soumis au régime dotal, il n'est pas nécessaire de recourir à des termes sacramentels.

III. Pourrait-on, encore aujourd'hui, stipuler une société d'acquêts immobiliers seulement? — Oui.

IV. Lorsqu'on ameublit un immeuble, ou plusieurs immeubles, jusqu'à concurrence d'une certaine somme, l'ameublissement est indéterminé. Il est déterminé, si on les ameublit pour une quote part; pour le tiers, par exemple.

V. Dans le cas de clause de séparation des dettes, les créanciers du mari, antérieurs au mariage, peuvent-ils, nonobstant tout inventaire, se faire payer sur tous les biens de la communauté? — Non.

VI. Une caution peut-elle être exigée par l'époux préciputaire, dans tous les cas où la communauté étant dissoute, il n'y a cependant pas lieu à la délivrance actuelle du préciput? — Non.

Vu par le Président de la thèse,
BUGNET.

Vu par le Doyen.
C.-A. PELLAT.

www.ingramcontent.com/pod-product-compliance
Lightning Source LLC
Chambersburg PA
CBHW060506200326
41520CB00017B/4928